სკოლა - σχολείο 2
მოგზაურობა - ταξίδι 5
ტრანსპორტი - μεταφορά 8
ქალაქი - πόλη 10
ლანდშაფტი - τοπίο 14
რესტორანი - εστιατόριο 17
სუპერმარკეტი - σούπερ μάρκετ 20
დასალევი - ποτά 22
საჭმელი - φαγητό 23
ფერმა - αγρόκτημα 27
სახლი - σπίτι 31
მისაღები ოთახი - σαλόνι 33
სამზარეულო - κουζίνα 35
აბაზანა - μπάνιο 38
საბავშვო ოთახი - παιδικό δωμάτιο 42
ტანსაცმელი - ρούχα 44
ოფისი - γραφείο 49
ეკონომიკა - οικονομία 51
პროფესიები - επαγγέλματα 53
იარაღები - εργαλεία 56
მუსიკალური ინსტრუმენტები - μουσικά όργανα 57
ზოოპარკი - ζωολογικός κήπος 59
სპორტი - αθλήματα 62
მოქმედებები - δραστηριότητες 63
ოჯახი - οικογένεια 67
სხეული - σώμα 68
საავადმყოფო - νοσοκομείο 72
გადაუდებელი შემთხვევა - έκτακτη ανάγκη 76
დედამიწა - Γη 77
საათი - ρολόι 79
კვირა - εβδομάδα 80
წელი - έτος 81
ფორმები - σχήματα 83
ფერები - χρώματα 84
საპირისპიროები - αντίθετα 85
რიცხვები - αριθμοί 88
ენები - γλώσσες 90
ვინ / რა / როგორ - ποιος / τι / πως 91
სად - που 92

Impressum
Verlag: BABADADA GmbH, Nedderfeld 112 , 22529 Hamburg
Geschäftsführer / Verlagsleitung: Harald Hof
Druck: Books on Demand GmbH, In de Tarpen 42, 22848 Norderstedt

Imprint
Publisher: BABADADA GmbH, Nedderfeld 112 , 22529 Hamburg, Germany
Managing Director / Publishing direction: Harald Hof
Print: Books on Demand GmbH, In de Tarpen 42, 22848 Norderstedt

სკოლა
σχολείο

საკლასო ოთახი
σχολική τάξη
გაყოფა
διαιρώ
186/2
დაფა
πίνακας
σχολική αυλή
მასწავლებელი
δάσκαλος
ქაღალდი
χαρτί
წერა
γράφω
კალამი
στυλό
მაგიდა
γραφείο
სახაზავი
χάρακας
წიგნი
βιβλίο
მოსწავლე
μαθητής

ზურგჩანთა

σχολική τσάντα

პენალი

κασετίνα/ μολυβοθήκη

ფანქარი

μολύβι

ფანქრების სათლელი

ξύστρα

საშლელი

γόμα

ნახატების ალბომი

μπλοκ ζωγραφικής

ნახატი
ζωγραφική

ფუნჯი
πινέλο

საღებავის ყუთი
κουτί χρωμάτων

მაკრატელი
ψαλίδι

წებო
κόλλα

სავარჯიშო რვეული
τετράδιο ασκήσεων

საშინაო დავალება
εργασία για το σπίτι

12

ნომერი
αριθμός

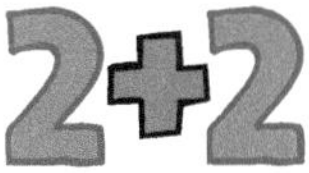

2+2

დამატება
προσθέτω

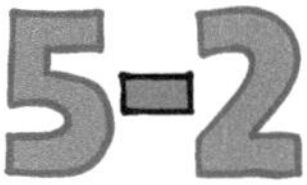

5-2

გამოკლება
αφαιρώ

2×2

გამრავლება
πολλαπλασιάζω

გამოთვლა
υπολογίζω

A

წერილი
γράμμα

**ABCDEFG
HIJKLMN
OPQRSTU
VWXYZ**

ანბანი
αλφάβητο

hello

სიტყვა
λέξη

ტექსტი
κείμενο

წაკითხვა
διαβάζω

ცარცი
κιμωλία

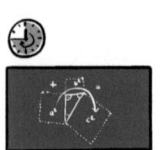

გაკვეთილი
μάθημα

რეგისტრაცია
εγγράφομαι

გამოცდა
τεστ

სერტიფიკატი
πιστοποιητικό

სკოლის ფორმა
μαθητική στολή

განათლება
εκπαίδευση

ენციკლოპედია
εγκυκλοπαίδεια

უნივერსიტეტი
πανεπιστήμιο

მიკროსკოპი
μικροσκόπιο

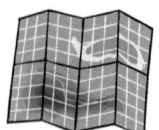

რუქა
χάρτης

კალათა ნარჩენი
ქაღალდებისათვის
καλάθι αχρήστων

სასტუმრო
ξενοδοχείο
ჰოსტელი
ξενώνας
ვალუტის გადაცვლის პუნქტი
ανταλλακτήρια συναλλάγματος
ჩემოდანი
βαλίτσα
მანქანა
αυτοκίνητο

ენა
γλώσσα

კი / არა
ναι / όχι

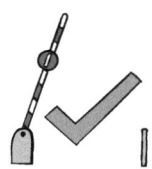

კარგი
εντάξει

გამარჯობა
γεια σου

მთარგმნელი
μεταφραστής

გმადლობთ
Ευχαριστώ

რა ღირს... ?

πόσο κάνει ;

ვერ გავიგე

Δε καταλαβαίνω

პრობლემა

πρόβλημα

აღამო მშვიდობისა!

Καλησπέρα!

დილა მშვიდობისა!

Καλημέρα!

ღამე მშვიდობისა!

Καληνύχτα!

ნახვამდის

Αντίο

მიმართულება

κατεύθυνση

ბარგი

αποσκευές

ჩანთა

τσάντα

ზურგჩანთა

σακίδιο πλάτης

სტუმარი

καλεσμένος

ოთახი

δωμάτιο

საძილე ტომარა

υπνόσακος

კარავი

σκηνή

ტურისტული ინფორმაცია

τουριστικές πληροφορίες

სანაპირო

παραλία

საკრედიტო ბარათი

πιστωτική κάρτα

საუზმე

πρωινό

ლანჩი

μεσημεριανό

ვახშამი

δείπνο

ბილეთი

εισιτήριο

ლიფტი

ανελκυστήρας

საფოსტო მარკა

γραμματόσημο

საზღვარი

σύνορα

საბაჟო

τελωνείο

საელჩო

πρεσβεία

ვიზა

βίζα

პასპორტი

διαβατήριο

ტრანსპორტი

μεταφορά

თვითმფრინავი
αεροπλάνο
გემი
πλοίο
სახანძრო მანქანა
πυροσβεστικό όχημα
ავტობუსი
λεωφορείο
სატვირთო მანქანა
φορτηγό
ტორიზებული ნავი
χανοκίνητο σκάφος
ველოსიპედი
ποδήλατο
მანქანა
αυτοκίνητο

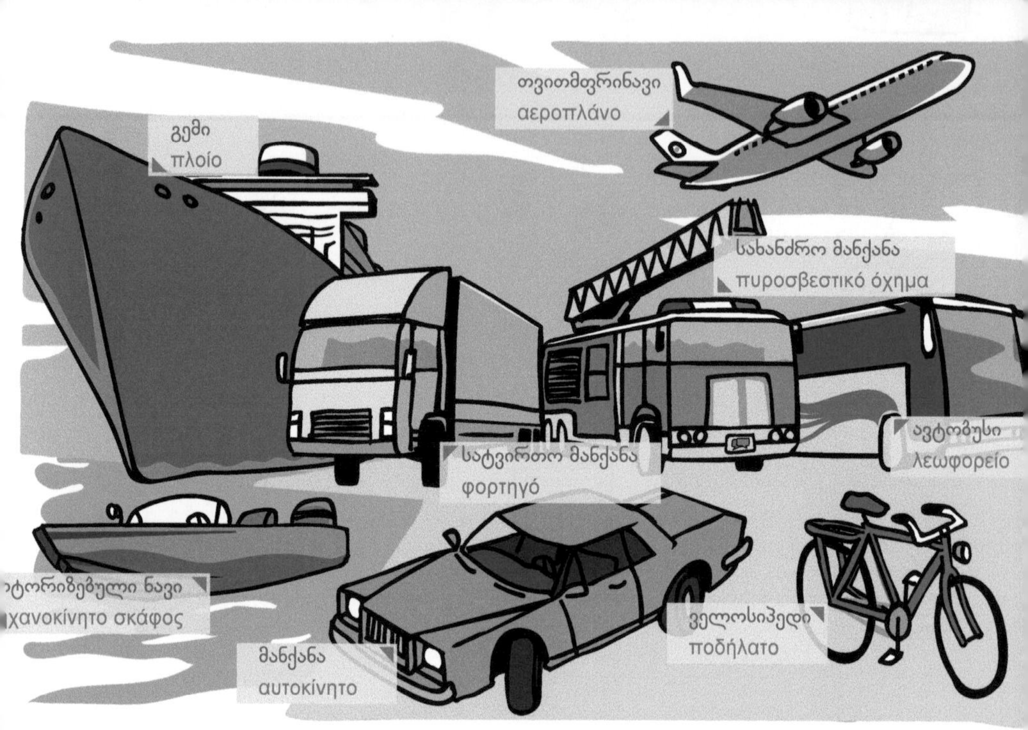

ბორანი

φεριμπότ

ნავი

βάρκα

მოტოციკლი

μοτοσικλέτα

პოლიციის მანქანა

περιπολικό

სარბოლო მანქანა

αγωνιστικό αυτοκίνητο

დაქირავებული მანქანა

ενοικιαζόμενο αυτοκίνητο

მანქანის ერთობლივი
მოხმარება
....
αμοιρασμός αυτοκινήτων

საბუქსირე მანქანა
....
γερανός

ნაგვის მანქანა
....
απορριμματοφόρο

ძრავა
....
κινητήρας

საწვავი
....
καύσιμο

ბენზინგასამართი სადგური
....
βενζινάδικο

საგზაო ნიშანი
....
πινακίδα σήμανσης

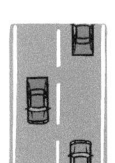

მოძრაობა
....
κυκλοφορία

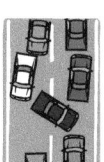

საცობი
....
κυκλοφοριακή συμφόρηση

მანქანის სადგომი
....
χώρος στάθμευσης

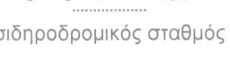

მატარებლის სადგური
....
σιδηροδρομικός σταθμός

ლიანდაგები
....
σιδηροδρομικές γραμμές

მატარებელი
....
τρένο

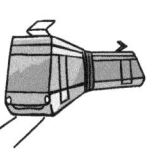

ტრამვაი
....
τραμ

ვაგონი
....
βαγόνι

ვერტმფრენი

ελικόπτερο

აეროპორტი

αεροδρόμιο

კოშკი

πύργος

მგზავრი

επιβάτης

კონტეინერი

εμπορευματοκιβώτιο

მუყაოს ყუთი

χαρτοκιβώτιο

ურიკა

καρότσι

კალათა

καλάθι

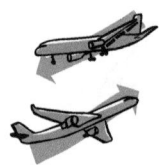

აფრენა / დაშვება

απογειώνομαι /
προσγειόνομαι

ქალაქი
πόλη

სოფელი

χωριό

ქალაქის ცენტრი

κέντρο της πόλης

სახლი

σπίτι

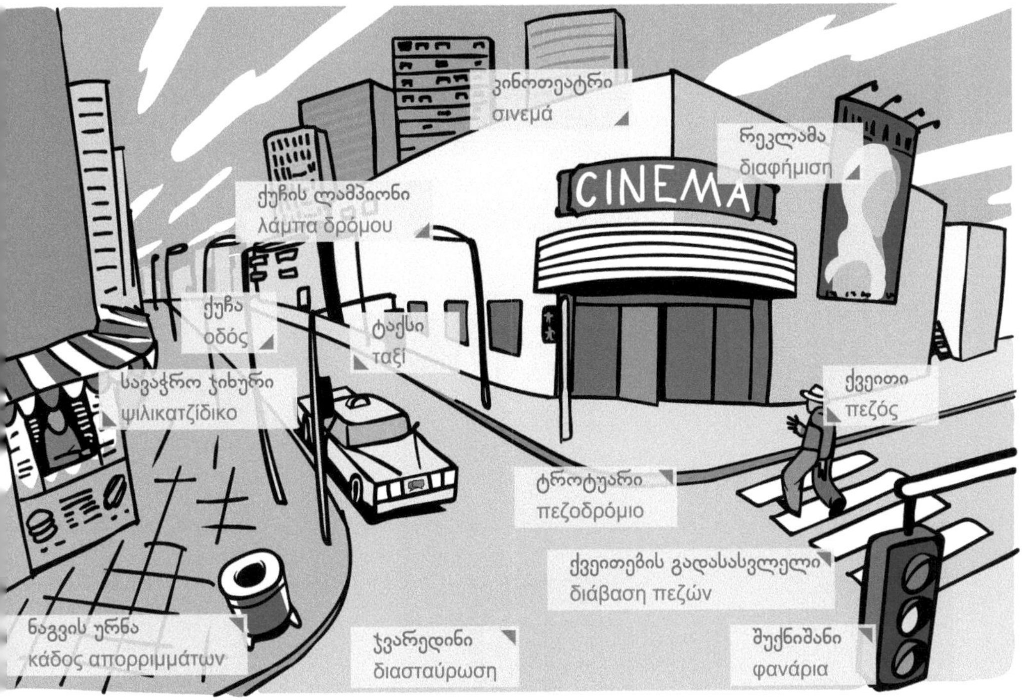

კინოთეატრი
σινεμά
რეკლამა
διαφήμιση
ქუჩის ლამპიონი
λάμπα δρόμου
ქუჩა
οδός
ტაქსი
ταξί
ψιλικατζίδικο
ქვეითი
πεζός
ტროტუარი
πεζοδρόμιο
ქვეითების გადასასვლელი
διάβαση πεζών
ნაგვის ურნა
κάδος απορριμμάτων
ჯვარედინი
διασταύρωση
შუქნიშანი
φανάρια

ქოხი

καλύβα

ბინა

διαμέρισμα

მატარებლის სადგური

σιδηροδρομικός σταθμός

მუნიციპალიტეტი

δημαρχείο

მუზეუმი

μουσείο

სკოლა

σχολείο

უნივერსიტეტი

πανεπιστήμιο

ბანკი

τράπεζα

საავადმყოფო

νοσοκομείο

სასტუმრო

ξενοδοχείο

აფთიაქი

φαρμακείο

ოფისი

γραφείο

წიგნების მაღაზია

βιβλιοπωλείο

მაღაზია

κατάστημα

ფლორისტი

ανθοπωλείο

სუპერმარკეტი

σούπερ μάρκετ

ბაზარი

αγορά

მაღაზიის განყოფილება

πολυκατάστημα

თევზის გამყიდველი

ιχθυοπωλείο

სავაჭრო ცენტრი

εμπορικό κέντρο

ნავსადგომი

λιμάνι

პარკი
πάρκο

გრძელი სკამი
παγκάκι

ხიდი
γέφυρα

კიბეები
σκάλες

მიწისქვეშა გადასასვლელი
μετρό

გვირაბი
τούνελ

ავტობუსის გაჩერება
στάση λεωφορείου

ბარი
μπαρ

რესტორანი
εστιατόριο

საფოსტო ყუთი
γραμματοκιβώτιο

ქუჩის ნიშანი
πινακίδα δρόμου

პარკინგის საზომი
παρκόμετρο

ზოოპარკი
ζωολογικός κήπος

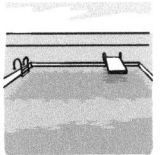

საცურაო აუზი
πισίνα

მეჩეთი
τζαμί

ქალაქი - πόλη

ფერმა
αγρόκτημα

გარემოს დაბინძურება
ρύπανση

სასაფლაო
νεκροταφείο

ეკლესია
εκκλησία

საბავშვო მოედანი
παιδική χαρά

ტაძარი
ναός

ლანდშაფტი
τοπίο

ფოთოლი
φύλλο

გზის მანიშნებელი ნიშანი
πινακίδα κατεύθυνσης

გზა
δρόμος

მდელო
λιβάδι

ქვა
πέτρα

ხე
δέντρο

მოგზაური
πεζοπόρος

მდინარე
ποτάμι

ბალახი
χορτάρι

ყვავილი
λουλούδι

ხეობა
κοιλάδα

გორაკი
λόφος

ტბა
λίμνη

ტყე
δάσος

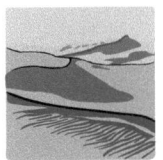

უდაბნო
έρημος

ვულკანი
ηφαίστειο

ციხე
κάστρο

ცისარტყელა
ουράνιο τόξο

სოკო
μανιτάρι

პალმა
φοίνικας

კოღო
κουνούπι

ბუზი
μύγα

ჭიანჭველა
μυρμήγκι

ფუტკარი
μέλισσα

ობობა
αράχνη

ხოჭო
σκαθάρι

ბაყაყი
βάτραχος

ციყვი
σκίουρος

ზღარბი
σκαντζόχοιρος

კურდღელი
λαγός

ბუ
κουκουβάγια

ფრინველი
πουλί

გედი
κύκνος

ტახი
αγριογούρουνο

ირემი
ελάφι

ცხენ-ირემი
άλκη

კაშხალი
φράγμα

ქარის ტურბინა
ανεμογεννήτρια

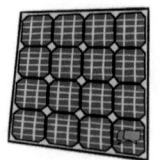

მზის ბატარეა
ηλιακός συλλέκτης

კლიმატი
κλίμα

რესტორანი
εστιατόριο

მიმტანი
σερβιτόρος
მენიუ
κατάλογος
სკამი
καρέκλα
სუპი
σούπα
პიცა
πίτσα
დანა-ჩანგალი
μαχαιροπίρουνα
მაგიდაზე გადასაფარებელი
τραπεζομάντιλο

საუზმე

ορεκτικό

მთავარი კერძი

κύριο πιάτο

დესერტი

επιδόρπιο

დასალევი

ποτά

საჭმელი

φαγητό

ბოთლი

μπουκάλι

სწრაფი კვება

φαστ φουντ

ქუჩის საჭმელი

φαγητό στ' όρθιο

ჩაიდანი

τσαγιέρα

საშაქრე

δοχείο ζάχαρης

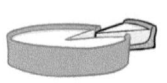

პორცია

μερίδα

ესპრესოს მანქანა

μηχανή εσπρέσο

მაღალი სკამი

ψηλή καρέκλα

ანგარიში

λογαριασμός

ლანგარი

δίσκος

დანა

μαχαίρι

ჩანგალი

πιρούνι

კოვზი

κουτάλι

ჩაის კოვზი

κουταλάκι του τσαγιού

ხელსახოცი

πετσέτα φαγητού

ჭიქა

ποτήρι

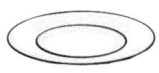

თეფში
πιάτο

სუპის თეფში
πιάτο σούπας

ჩაის ლამბაქი
πιατάκι φλιτζανιού

საწებელი
σάλτσα

სამარილე
αλατιέρα

წიწაკის საფქვავი
μύλος για πιπέρι

ძმარი
ξύδι

ზეთი
λάδι

სანელებლები
μπαχαρικά

კეტჩუპი
κέτσαπ

მდოგვი
μουστάρδα

მაიონეზი
μαγιονέζα

სუპერმარკეტი

σούπερ μάρκετ

სპეციალური შეთავაზება
προσφορά
FOR
მომხმარებელი
πελάτης
რძის ნაწარმი
γαλακτοκομικά προϊόντα
ხილი
φρούτα
ურიკა
καρότσι για ψώνια

საყასბო

κρεοπωλείο

საცხობი

φούρνος

აწონვა

ζυγίζω

ბოსტნეული

λαχανικά

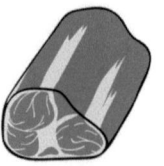

ხორცი

κρέας

გაყინული საკვები

κατεψυγμένα τρόφιμα

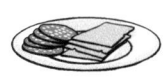

გრილი ხორცი

αλλαντικά

კონსერვები

κονσερβοποιημένη τροφή

სარეცხი ფხვნილი

απορρυπαντικό ρούχων

ტკბილეული

γλυκά

საყოფაცხოვრებო პროდუქტები

οικιακά είδη

სარეცხი საშუალებები

καθαριστικά προϊόντα

გამყიდველი

πωλήτρια

სალარო

ταμείο

მოლარე

ταμίας

საყიდლების სია

λίστα για ψώνια

მუშაობის საათები

ωράριο λειτουργίας

პორტმანი

πορτοφόλι

საკრედიტო ბარათი

πιστωτική κάρτα

ჩანთა

τσάντα

პლასტიკური პარკი

πλαστική σακούλα

წყალი
νερό

წვენი
χυμός

რძე
γάλα

კოკა-კოლა
κόκα κόλα

ღვინო
κρασί

ლუდი
μπίρα

ალკოჰოლი
αλκοόλ

კაკაო
κακάο

ჩაი
τσάι

ყავა
καφές

ესპრესო
εσπρέσο

კაპუჩინო
καπουτσίνο

ბანანი

μπανάνα

ვაშლი

μήλο

ფორთოხალი

πορτοκάλι

საზამთრო

πεπόνι

ლიმონი

λεμόνι

სტაფილო

καρότο

ნიორი

σκόρδο

ბამბუკი

μπαμπού

ხახვი

κρεμμύδι

სოკო

μανιτάρι

კაკალი

ξηροί καρποί

ატრია

νουντλς

სპაგეტი

μακαρόνια

ბრინჯი

ρύζι

სალათი

σαλάτα

ჩიპსები

πατατάκια

შემწვარი კარტოფილი

τηγανητές πατάτες

პიცა

πίτσα

ჰამბურგერი

χάμπουργκερ

სენდვიჩი

σάντουιτς

კოტლეტი

κοτολέτα

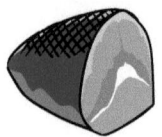

ლორი

ζαμπόν

სალიამი

σαλάμι

ძეხვი

λουκάνικο

წიწილა

κοτόπουλο

შემწვარი ხორცი

ψητό

თევზი

ψάρι

შვრიის ფაფა

....

χυλός βρώμης

მუსლი

....

μούσλι

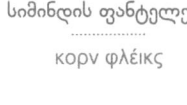

სიმინდის ფანტელები

....

κορν φλέικς

ფქვილი

....

αλεύρι

კრუასანი

....

κρουασάν

ბულკი

....

ψωμάκι

პური

....

ψωμί

ტოსტი

....

τοστ

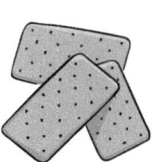

ნამცხვრები

....

μπισκότα

კარაქი

....

βούτυρο

ხაჭო

....

τυρόπηγμα

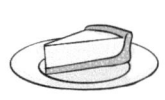

ტორტი

....

κέικ

კვერცხი

....

αυγό

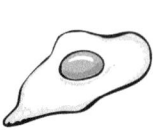

ერბო-კვერცხი

....

τηγανητό αυγό

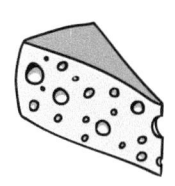

ყველი

....

τυρί

ნაყინი
παγωτό

შაქარი
ζάχαρη

თაფლი
μέλι

ჯემი
μαρμελάδα

შოკოლადის კრემი
άλλειμμα σοκολάτας

კარი
κάρυ

ფერმა
αγρόκτημα

სოფლის სახლი
αγρόσπιτο
ჩალის შეკვრა
δεμάτι άχυρου
თავლა
αχυρώνας
ყანა
χωράφι
ცხენი
άλογο
მისაბმელი
ρυμουλκούμενο
კვიცი
πουλάρι
ტრაქტორი
τρακτέρ
ვირი
γάιδαρος
ცხვარი
πρόβατο
ცხვარი
αρνί

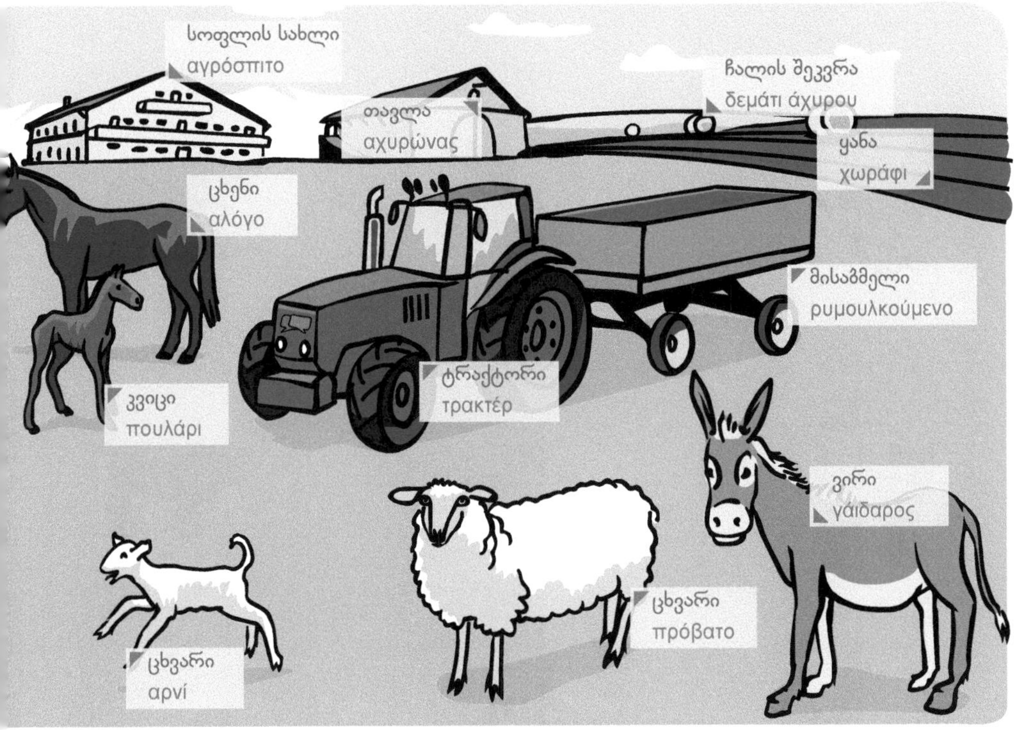

თხა
....
κατσίκα

ძროხა
....
αγελάδα

ხბო
....
μοσχαράκι

ღორი
....
γουρούνι

გოჭი
....
γουρουνάκι

ხარი
....
ταύρος

ბატი
χήνα

იხვი
πάπια

წიწილა
κοτοπουλάκι

ქათამი
κότα

მამალი
κόκορας

ვირთხა
αρουραίος

კატა
γάτα

თაგვი
ποντίκι

ხარი
βόδι

ძაღლი
σκύλος

საძაღლე
σπιτάκι σκύλου

ბაღის შლანგი
λάστιχο κήπου

საბაღე წურწურა
ποτιστήρι

ცელი
θεριστήρι

გუთანი
αλέτρι

ნამგალი

δρεπάνι

თოხი

τσάπα

პატივის სახვეტი ჩანგალი

δίκρανο

ცული

τσεκούρι

მაზიდი

χειράμαξα

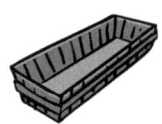

გობი

ταΐστρα

რძის ბიდონი

δοχείο γάλακτος

ტომარა

σάκος

ღობე

φράχτης

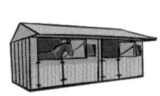

ბოსელი

στάβλος

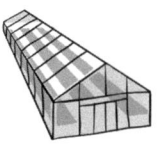

სათბური

θερμοκήπιο

ნიადაგი

έδαφος

თესლი

σπόρος

სასუქი

λίπασμα

მოსავლის ამღები კომბაინი

θεριζοαλωνιστική μηχανή

მოსავლის აღება

θερίζω

მოსავალი

συγκομιδή

იამი

γιαμς

ხორბალი

σιτάρι

სოიო

σόγια

კარტოფილი

πατάτα

სიმინდი

καλαμπόκι

სარეველას თესლი

κράμβη

ხეხილი

οπωροφόρο δέντρο

მანიოკი

μανιόκα

მარცვლეული

δημητριακά

სახლი

σπίτι

ბუხარი
καμινάδα
სახურავი
στέγη
წყალსადინარი მილი
υδρορροή
ფანჯარა
παράθυρο
ავტოფარეხი
γκαράζ
კარის ზარი
κουδούνι
კარი
πόρτα
ნაგვის ყუთი
σκουπιδοτενεκές
საფოსტო ყუთი
γραμματοκιβώτιο
ბაღი
κήπος

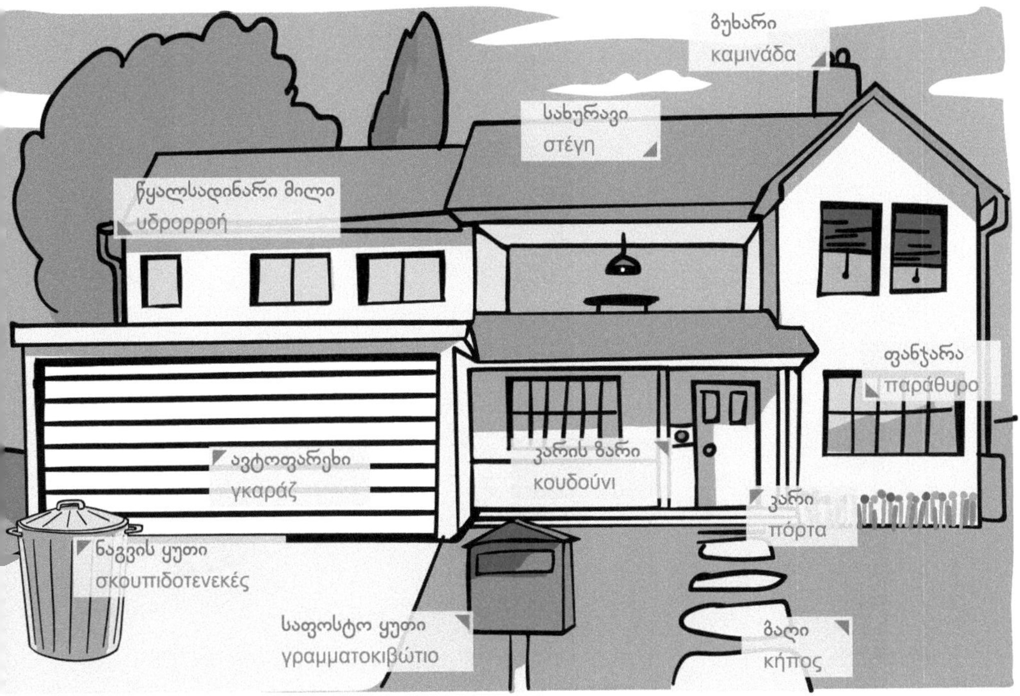

მისაღები ოთახი

σαλόνι

აბაზანა

μπάνιο

სამზარეულო

κουζίνα

საძინებელი

υπνοδωμάτιο

საბავშვო ოთახი

παιδικό δωμάτιο

სასადილო ოთახი

τραπεζαρία

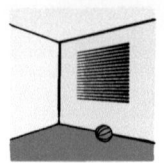

სართული
πάτωμα

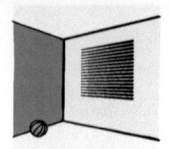

კედელი
τοίχος

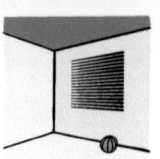

ჭერი
οροφή

სარდაფი
κελάρι

საუნა
σάουνα

აივანი
μπαλκόνι

ტერასა
βεράντα

აუზი
πισίνα

გაზონის საკრეჭი
μηχανή του γκαζόν

საბნის კონვერტი
σεντόνι

საწოლი
κάλυμμα κρεβατιού

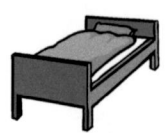

ლოგინი
κρεβάτι

ცოცხი
σκούπα

სათლი
κουβάς

გადამრთველი
διακόπτης

მისაღები ოთახი

σαλόνι

შპალერი
ταπετσαρία
ნახატი
φωτογραφία
ნათურა
λάμπα
თარო
ράφι
კარადა
ντουλάπι
ტელევიზორი
τηλεόραση
ბუხარი
τζάκι
ყვავილი
λουλούδι
ბალიში
μαξιλάρι
დივანი
καναπές
ვაზა
βάζο
დისტანციური მართვა
τηλεκοντρόλ

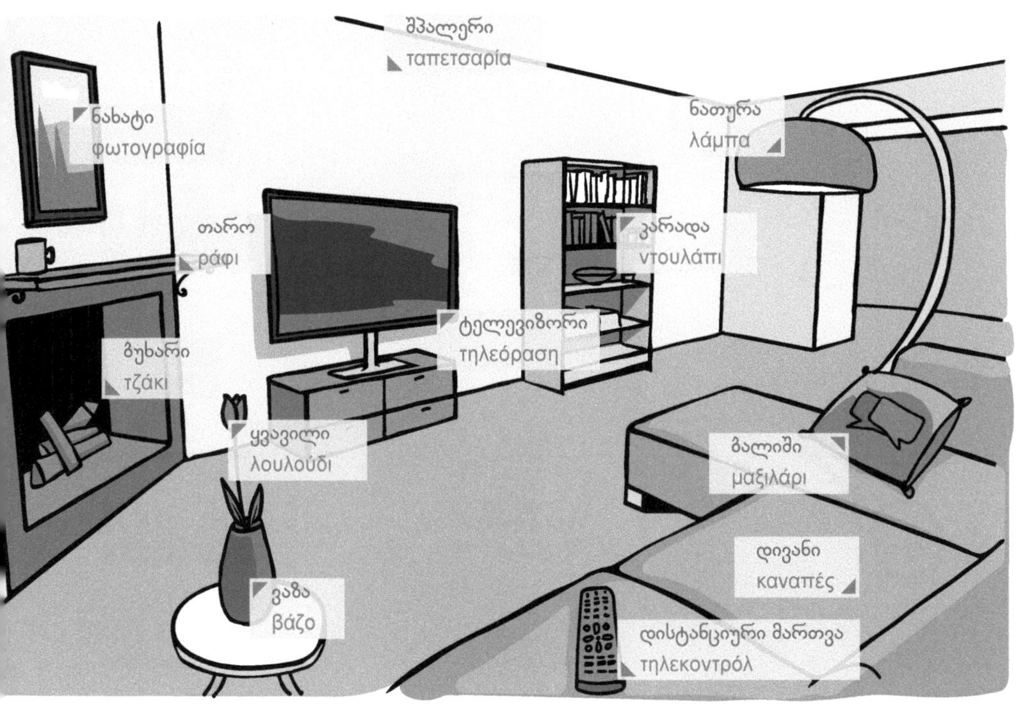

ხალიჩა

χαλί

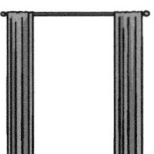

ფარდა

κουρτίνα

მაგიდა

τραπέζι

სკამი

καρέκλα

სარწეველა სკამი

κουνιστή πολυθρόνα

სავარძელი

πολυθρόνα

წიგნი
βιβλίο

საბანი
κουβέρτα

დეკორაცია
διακόσμηση

შეშა
καυσόξυλα

ფილმი
ταινία

hi-fi მოწყობილობები
στερεοφωνικό σύστημα

გასაღები
κλειδί

გაზეთი
εφημερίδα

ფერწერა
πίνακας ζωγραφικής

პლაკატი
αφίσα

რადიო
ραδιόφωνο

ბლოკნოტი
σημειωματάριο

მტვერსასრუტი
ηλεκτρική σκούπα

კაქტუსი
κάκτος

სანთელი
κερί

სამზარეულო

κουζίνα

მაცივარი
ψυγείο
მიკრო-ტალღური ღუმელი
φούρνος μικροκυμάτων
სამზარეულოს სასწორი
ζυγαριά κουζίνας
ტოსტერი
τοστιέρα
სარეცხი საშუალება
απορρυπαντικό
ღუმელი
φούρνος
საყინულე
κατάψυξη
ნაგვის ყუთი
σκουπιδοτενεκές
ჭურჭლის სარეცხი მანქანა
πλυντήριο πιάτων

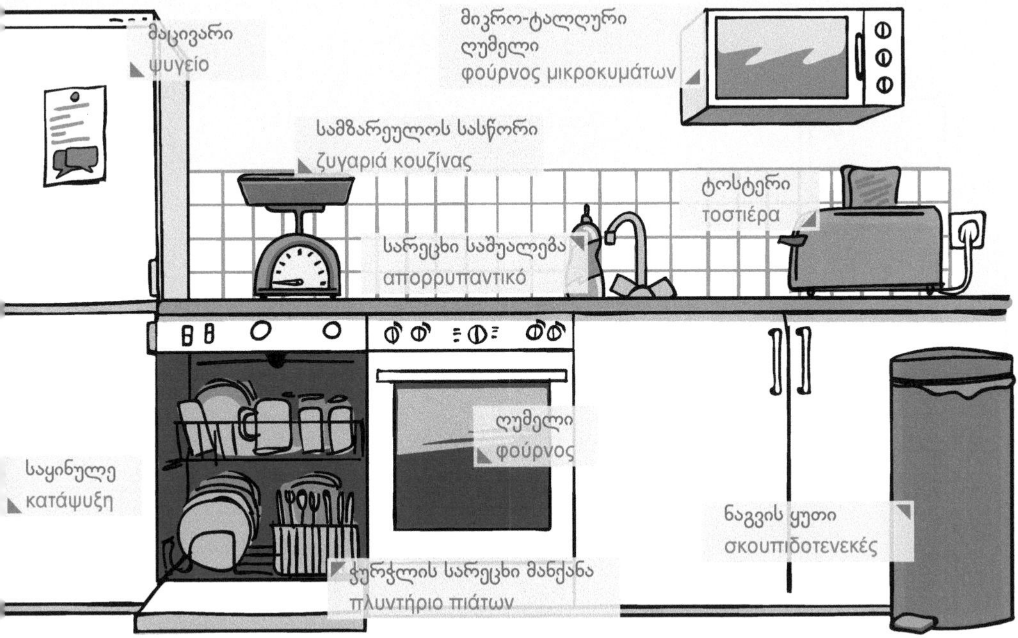

გაზქურა

κουζίνα

ქოთანი

κατσαρόλα

თუჯის ქვაბი

μαντεμένια κατσαρόλα

ტაფა ამობერილი ფსკერით

γουόκ/καντάι

ტაფა

τηγάνι

ჩაიდანი

βραστήρας

სამზარეულო - κουζίνα 35

ორთქლსახარში

ατμομάγειρας

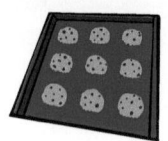

საცხობი ლანგარი

ταψί

ჭურჭელი

πιατικά

კათხა

κούπα

თასი

μπολ

ჩინური ჩხირები

ξυλάκια

ჩამჩა

κουτάλα

ფითხი

σπάτουλα

სათქვეფელა

ανακατεύω

საწური

σουρωτήρι

საცერი

σουρωτηράκι

სახეხი

τρίφτης

სანაყი

γουδί

გრილი

ψησταριά

კოცონი

ανοιχτή φωτιά

დაფა
σανίδα κοπής

საგორავი
πλάστης

ბურღი
ανοιχτήρι φελλών

ქილა
κονσέρβα

ქილის გასახსნელი
ανοιχτήρι κονσέρβας

ქოთნის დამჭერი
γάντι φούρνου

ნიჟარა
νεροχύτης

ფუნჯი
βούρτσα

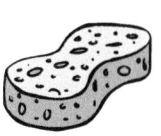

ღრუბელი
σφουγγάρι

ბლენდერი
μπλέντερ

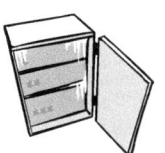

საყინულე კამერა
καταψύκτης

საბავშვო ბოთლი
μπιμπερό

ონკანი
βρύση

აბაზანა

μπάνιο

შხაპი
ντους
გათბობა
θέρμανση
პირსახოცი
πετσέτα
საშხაპე ფარდა
κουρτίνα ντουζ
ღრუბლიანი აბანო
αφρόλουτρο
ვანა
μπανιέρα
ჭიქა
ποτήρι
სარეცხი მანქანა
πλυντήριο ρούχων
ონკანი
βρύση
ფილები
πλακάκια
ღამის ქოთანი
γιογιό
ნიჟარა
νεροχύτης

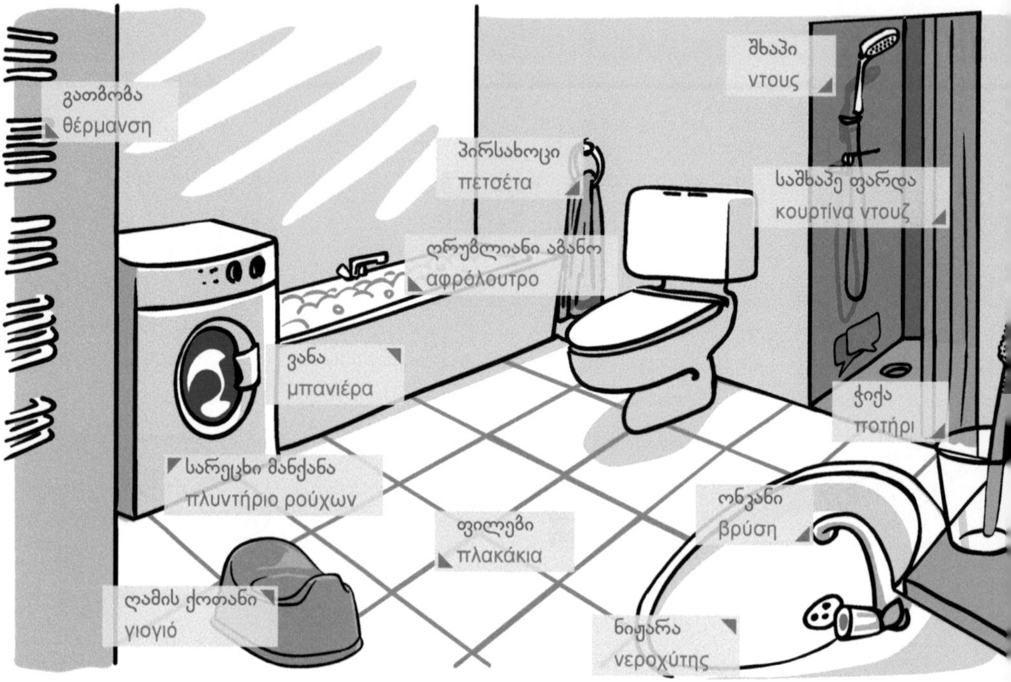

ტუალეტი

τουαλέτα

იატაკის ტუალეტი

τούρκικη τουαλέτα

ბიდე

μπιντές

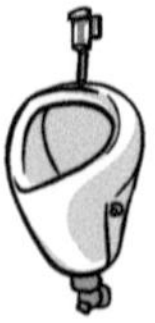

კედლის პისუარი

ουρητήριο

ტუალეტის ქაღალდი

χαρτί υγείας

ტუალეტის ჯაგრისი

πιγκάλ

38 აბაზანა - μπάνιο

კბილის ჯაგრისი

οδοντόβουρτσα

კბილის პასტა

οδοντόκρεμα

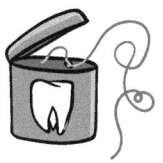

კბილის ძაფი

οδοντικό νήμα

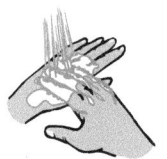

რეცხვა

πλένω

ხელის შხაპი

τηλέφωνο ντους

ინტიმური შხაპი

ντουσιέρα

ტაშტი

λεκάνη

ზურგის სახეხი ფუნჯი

βούρτσα πλάτης

საპონი

σαπούνι

შხაპის გელი

αφρόλουτρο

შამპუნი

σαμπουάν

ნეჭა

φανέλα

სანიაღვრე

σιφόνι

კრემი

κρέμα

დეოდორანტი

αποσμητικό

სარკე

καθρέφτης

ხელის სარკე

καθρέφτης χειρός

ბრიტვა

ξυραφάκι

საპარსი ქაფი

αφρός ξυρίσματος

საშუალება გაპარსვის შემდეგ

αφτερσέιβ

სავარცხელი

χτένα

ჯაგრისი

βούρτσα

თმის საშრობი

σεσουάρ

თმის ლაქი

λακ

კოსმეტიკა

μακιγιάζ

ტუჩების პომადა

κραγιόν

ფრჩხილის ლაქი

βερνίκι νυχιών

ბამბა

βαμβάκι

ფრჩხილის მაკრატელი

ψαλίδι νυχιών

სუნამო

άρωμα

კოსმეტიკის ჩანთა

νεσεσέρ

ტაბურეტი

σκαμπό

სასწორი

ζυγαριά

საბაზანო ხალათი

μπουρνούζι

რეზინის ხელთათმანები

ελαστικά γάντια

ტამპონი

ταμπόν

სანიტარული პირსახოცი

πετσέτα υγιεινής

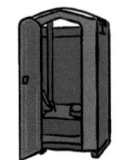

ბიო-ტუალეტი

χημική τουαλέτα

საბავშვო ოთახი
παιδικό δωμάτιο

მაღვიძარა
ξυπνητήρι
რბილი სათამაშო
λούτρινο ζωάκι
სათამაშო მანქანა
αυτοκινητάκι
ჩხარუნა სათამაშო
κουδουνίστρα
თოჯინების სახლი
κουκλόσπιτο
საჩუქარი
δώρο

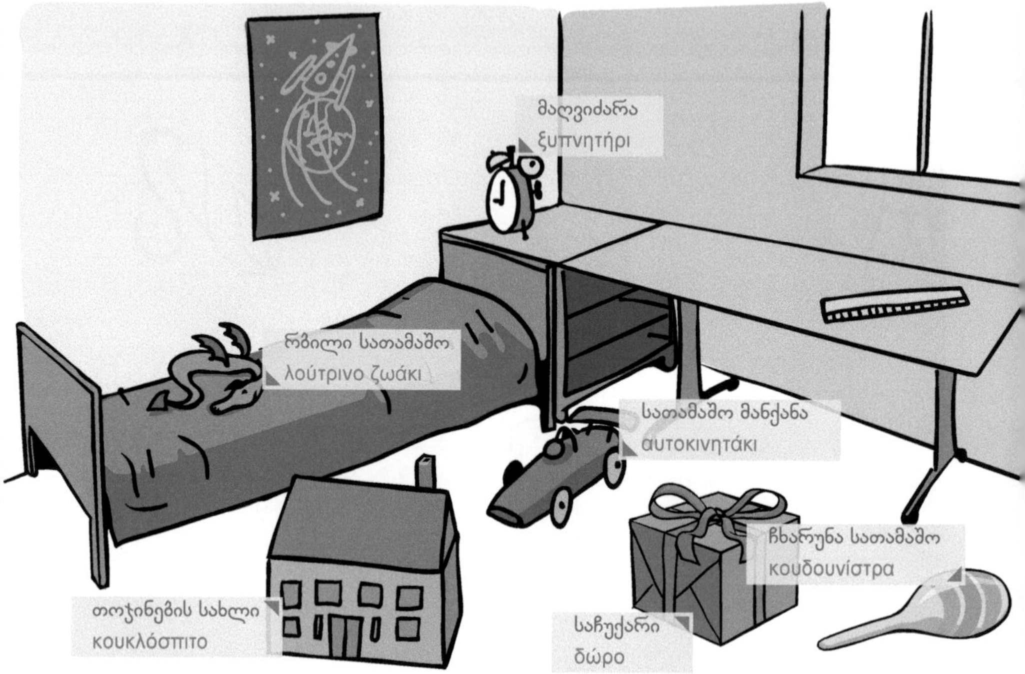

ბუშტი

μπαλόνι

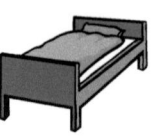

ლოგინი

κρεβάτι

საბავშვო ეტლი

καροτσάκι

კარტის თამაში

τράπουλα

პაზლი

παζλ

კომიკსი

κόμικς

ლეგოს აგურები

τουβλάκια lego

ასაშენებელი კუბიკები

τουβλάκια κατασκευών

სათამაშო ფიგურა

φιγούρα δράσης

საცოცავი

βρεφικό φορμάκι

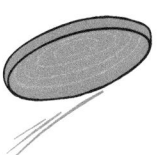

ფრისბი

φρίσμπι

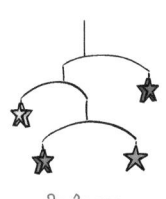

მობილე

μόμπιλο

სამაგიდო თამაში

επιτραπέζιο παιχνίδι

კამათელი

ζάρια

რკინიგზის მოდელი

σετ τρενάκι

საწოვარა

πιπίλα

წვეულება

πάρτι

წიგნი ნახატებით

εικονογραφημένο βιβλίο

ბურთი

μπάλα

თოჯინა

κούκλα

თამაში

παίζω

საქვიშარი
....
σκάμμα με άμμο

საქანელა
....
κούνια

სათამაშოები
....
παιχνίδια

ვიდეო თამაშის კონსოლი
....
κονσόλα βιντεοπαιχνιδιών

სამთვლიანი ველოსიპედი
....
τρίκυκλο

დათუნია
....
αρκουδάκι

გარდერობი
....
ντουλάπα

ტანსაცმელი
ρούχα

წინდები
....
κάλτσες

ჩულქები
....
καλτσοδέτες

კოლგოტები
....
καλσόν

შარფი
κασκόλ

ქოლგა
ομπρέλα

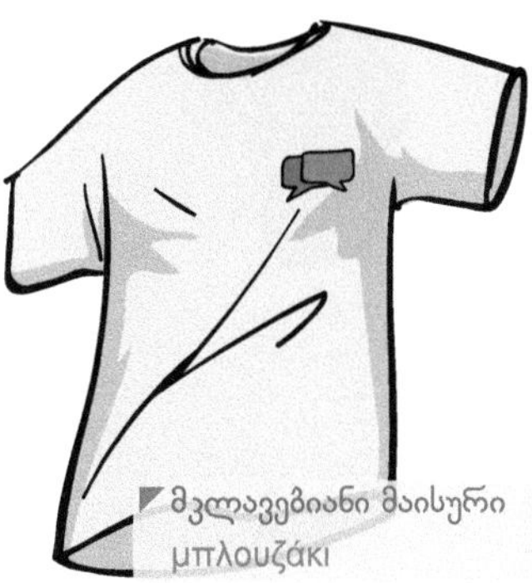

მკლავებიანი მაისური
μπλουζάκι

ქამარი
ζώνη

ფეხსაცმელი
μπότες

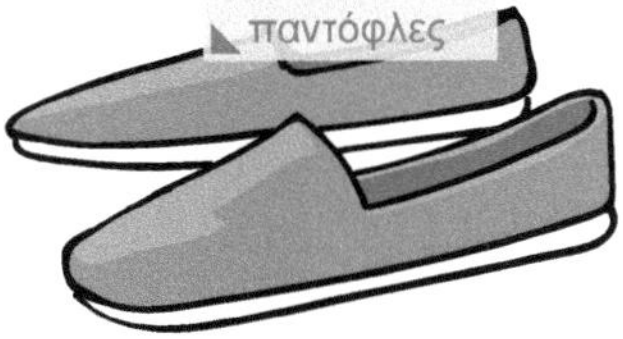

ჩუსტები
παντόφλες

ბოტასები
αθλητικά παπούτσια

სანდლები
....
σανδάλια

ფეხსაცმელი
....
παπούτσια

რეზინის ჩექმები
....
γαλότσες

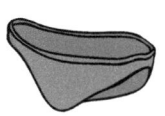

ტრუსები
....
εσώρουχο

ბიუსჰალტერი
....
σουτιέν

მაისური
....
φανέλα

ტანსაცმელი - ρούχα

სხეული

σώμα

შარვალი

παντελόνι

ჯინსი

τζιν παντελόνι

ქვედაკაბა

φούστα

ბლუზი

μπλούζα

პერანგი

πουκάμισο

სვიტრი

πουλόβερ

კაპიუშონიანი ჟაკეტი

πουλόβερ

სპორტული ქურთუკი

σακάκι

ჟაკეტი

μπουφάν

პალტო

παλτό

საწვიმარი

αδιάβροχο πανωφόρι

კოსტუმი

κοστούμι

კაბა

φόρεμα

საქორწილო კაბა

νυφικό

კაცის კოსტიუმი

κοστούμι

ღამის პერანგი

νυχτικό

პიჟამოები

πιτζάμες

სარი

σάρι

თავშალი

μαντήλι

ტურბანი

τουρμπάνι

ჩადრი

μπούρκα

ხიფთანი

καφτάνι

აბაია

μουσουλμανικό ένδυμα

საცურაო კოსტუმი

ολόσωμο μαγιό

ჩემოდნები

ανδρικό μαγιό

შორტები

σορτς

სპორტული კოსტიუმი

αθλητική φόρμα

წინსაფარი

ποδιά

ხელთათმანები

γάντια

ღილი
κουμπί

სათვალეები
γυαλιά

სამაჯური
βραχιόλι

ყელსაბამი
περιδέραιο

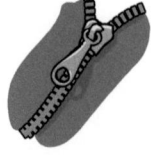

ბეჭედი
δαχτυλίδι

საყურე
σκουλαρίκι

კეპი
καπέλο

საკიდი
κρεμάστρα

ქუდი
καπέλο

ჰალსტუხი
γραβάτα

ელვა-შესაკრავის შეკვრა
φερμουάρ

ჩაფხუტი
κράνος

აჭიმი
τιράντες

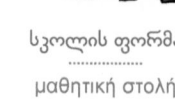

სკოლის ფორმა
μαθητική στολή

ფორმა
στολή

ბავშვის წინსაფარი

σαλιάρα

საწოვარა

πιπίλα

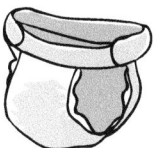

პამპერსი

πάνα

ოფისი

γραφείο

სერვერი
σέρβερ
საკანცელარიო კარადა
αρχειοθήκη
პრინტერი
εκτυπωτής
ქაღალდი
χαρτί
მონიტორი
οθόνη
თაგვი
ποντίκι
მაგიდა
საქაღალდე
ντοσιέ
კლავიატურა
πληκτρολόγιο
ათა ნარჩენი ქაღალდებისათვის
άθι αχρήστων
სკამი
καρέκλα
კომპიუტერი
υπολογιστής

ყავის ფინჯანი

κούπα του καφέ

კალკულატორი

κομπιουτεράκι

ინტერნეტი

ίντερνετ

ლეპტოპი

λάπτοπ

წერილი

γράμμα

მესიჯი

μήνυμα

მობილური ტელეფონი

κινητό

ქსელი

δίκτυο

სკანერი

φωτοτυπικό μηχάνημα

პროგრამული
უზრუნველყოფა
λογισμικό

ტელეფონი

τηλέφωνο

როზეტი

πρίζα

ფაქსის მანქანა

συσκευή φαξ

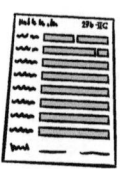

ფორმულარი

έντυπο

დოკუმენტი

έγγραφο

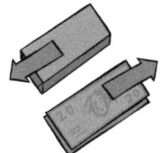

ყიდვა

αγοράζω

გადახდა

πληρώνω

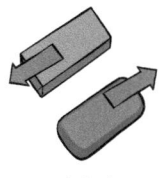

ვაჭრობა

συναλλάσσομαι

ფული

χρήματα

USD

დოლარი

δολάριο

EUR

ევრო

ευρώ

JPY

იენი

γιεν

RUB

რუბლი

ρούβλι

CHF

შვეიცარული ფრანკი

ελβετικό φράγκο

CNY

ჟენმინბი იუანი

ρενμίνμπι γιουάν

INR

რუპი

ρουπία

ბანკომატი

ATM (αυτόματη ταμειακή μηχανή)

ვალუტის გადაცვლის პუნქტი
ανταλλακτήρια συναλλάγματος

ოქრო
χρυσός

ვერცხლი
ασήμι

ნავთობი
πετρέλαιο

ენერგია
ενέργεια

ფასი
τιμή

ხელშეკრულება
συμβόλαιο

გადასახადი
φόρος

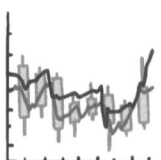

აქცია
μετοχή

მუშაობა
δουλεύω

თანამშრომელი
υπάλληλος

დამსაქმებელი
εργοδότης

ქარხანა
εργοστάσιο

მაღაზია
κατάστημα

პროფესიები

επαγγέλματα

პოლიციის ოფიცერი
αστυνόμος
მეხანძრე
πυροσβέστης
მზარეული
μάγειρας
ექიმი
γιατρός
მფრინავი
πιλότος

მებაღე

κηπουρός

დურგალი

ξυλουργός

თეთრეულის მკერავი ქალბატონი

μοδίστρα

მოსამართლე

δικαστής

ქიმიკოსი

χημικός

მსახიობი

ηθοποιός

ავტობუსის მძღოლი

οδηγός λεωφορείου

ტაქსის მძღოლი

ταξιτζής

მეთევზე

ψαράς

დამლაგებელი ქალბატონი

καθαρίστρια

სახურავის ოსტატი

τεχνίτης στεγών

მიმტანი

σερβιτόρος

მონადირე

κυνηγός

ფერმწერი

ζωγράφος

მცხობელი

αρτοποιός

ელექტრიკოსი

ηλεκτρολόγος

მშენებელი

οικοδόμος

ინჟინერი

μηχανολόγος

ყასაბი

κρεοπώλης

სანტექნიკოსი

υδραυλικός

ფოსტალიონი

ταχυδρόμος

ჯარისკაცი

στρατιώτης

არქიტექტორი

αρχιτέκτονας

მოლარე

ταμίας

ფლორისტი

ανθοπώλης

პარიკმახერი

κομμωτής

კონდუქტორი

ελεγκτής εισιτηρίων

მექანიკოსი

μηχανικός

კაპიტანი

καπετάνιος

სტომატოლოგი

οδοντίατρος

მეცნიერი

επιστήμονας

რაბინი

ραβίνος

იმამი

ιμάμης

ბერი

μοναχός

სასულიერო პირი

ιερέας

იარაღები
εργαλεία

ჩაქუჩი
σφυρί
ბრტყელტუჩა
πένσα
სახრახნისი
κατσαβίδι
ქანჩის გასაღები
Γαλλικό κλειδί
ჯიბის სანათი
φακός

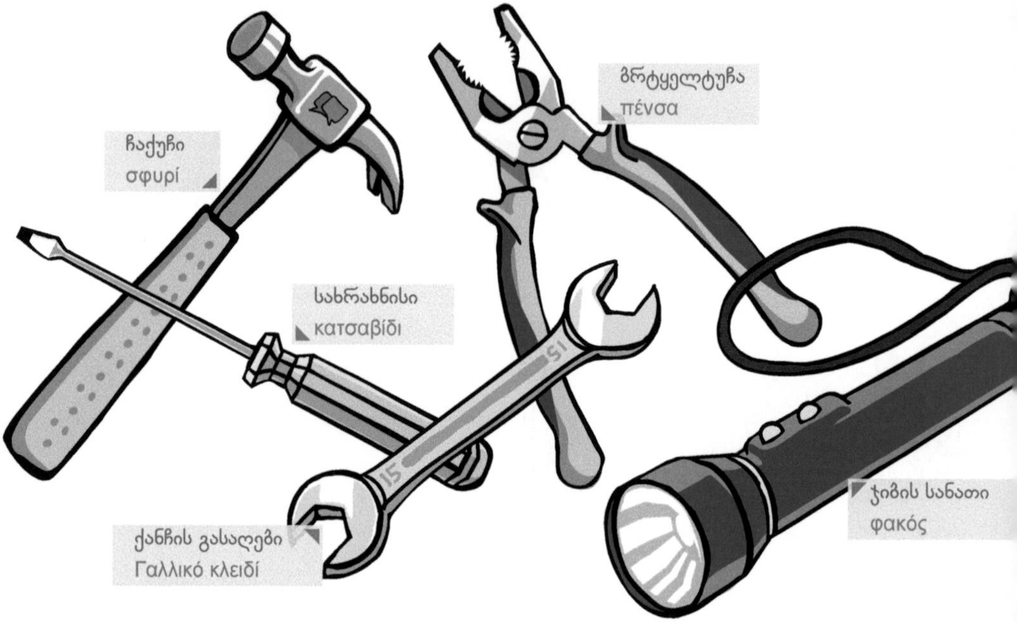

ექსკავატორი
εκσκαφέας

იარაღების ყუთი
εργαλειοθήκη

კიბე
σκάλα

ხერხი
πριόνι

ლურსმნები
καρφιά

საბურღი
τρυπάνι

შეკეთება

επισκευάζω

ნიჩაბი

φτυάρι

ანდაბა!

Να πάρει!

აქანდაზი

φαράσι

საღებავის ქოთანი

δοχείο χρωμάτων

ხრახნები

βίδες

მუსიკალური ინსტრუმენტები

μουσικά όργανα

რეპროდუქტორ
ი
μεγάφωνο
დასარტყამი ინსტრუმენტების კრებული
ντραμς
გიტარა
κιθάρα
კონტრაბასი
κοντραμπάσο
საყვირი
τρομπέτα

ფორტეპიანო
πιάνο

ვიოლინო
βιολί

ბასი
μπάσο

ტიმპანონი
τύμπανα

დასარტყამები
τύμπανο

კლავიშები
πλήκτρα

საქსოფონი
σαξόφωνο

ფლეიტა
φλάουτο

მიკროფონი
μικρόφωνο

შესასვლელი
είσοδος
ვეფხვი
τίγρης
გალია
κλουβί
ზებრა
ζέβρα
ცხოველთა საკვები
ζωοτροφή
პანდა
πάντα

ცხოველები
ζώα

სპილო
ελέφαντας

კენგურუ
καγκουρό

მარტორქა
ρινόκερος

გორილა
γορίλας

დათვი
αρκούδα

აქლემი
καμήλα

სირაქლემა
στρουθοκάμηλος

ლომი
λιοντάρι

მაიმუნი
πίθηκος

ფლამინგო
φλαμίνγκο

თუთიყუში
παπαγάλος

პოლარული დათვი
πολική αρκούδα

პინგვინი
πιγκουίνος

ზვიგენი
καρχαρίας

ფარშევანგი
παγώνι

გველი
φίδι

ნიანგი
κροκόδειλος

ზოოპარკის მფლობელი
φύλακας ζωολογικού κήπου

სელაპი
φώκια

იაგუარი
τζάγκουαρ

პონი

πόνυ

ლეოპარდი

λεοπάρδαλη

ბეჰემოტი

ιπποπόταμος

ჟირაფი

καμηλοπάρδαλη

არწივი

αετός

ტახი

αγριογούρουνο

თევზი

ψάρι

კუ

χελώνα

მორჟი

θαλάσσιος ίππος

მელა

αλεπού

გაზელი

γαζέλα

სპორტი

αθλήματα

ამერიკული ფეხბურთი
Αμερικάνικο ποδόσφαιρο
ველოსპორტი
ποδηλασία
ჩოგბურთი
αντισφαίριση
კალათბურთი
μπάσκετ
ცურვა
κολύμβηση
კრივი
πυγχαμία
ყინულის ჰოკეი
χόκεϋ επί πάγου

ფეხბურთი

ποδόσφαιρο

ბადმინტონი

μπάντμιντον

მძლეოსნობა

στίβος

ხელბურთი

χάντμπολ

სათხილამურო სპორტი

σκι

წყლის პოლო

πόλο

მოქმედებები
δραστηριότητες

დაცინვა
γελάω
გადახტომა
πηδάω
ჩახუტება
αγκαλιάζω
სეირნობა
περπατάω
სიმღერა
τραγουδάω
ოცნებობა
ονειρεύομαι
ლოცვა
προσεύχομαι
კოცნა
φιλάω

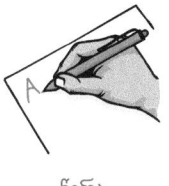

წერა

γράφω

დახატვა

σχεδιάζω

ჩვენება

δείχνω

დაჭერა

πιέζω

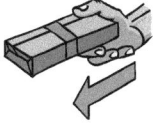

მიცემა

δίνω

აღება

παίρνω

ქონა

έχω

კეთება

κάνω

ყოფნა

είμαι

დგომა

στέκομαι

გარბენა

τρέχω

მოქაჩვა

τραβάω

გადაყრა

ρίχνω

დაცემა

πέφτω

ტყუილის თქმა

ξαπλώνω

მოცდენა

περιμένω

ტარება

κουβαλώ

ჯდომა

κάθομαι

ჩაცმა

φοράω

ძილი

κοιμάμαι

გაღვიძება

ξυπνάω

დათვალიერება
κοιτάω

ტირილი
κλαίω

გაუთოება
χαϊδεύω

დავარცხნა
χτενίζω

ლაპარაკი
μιλάω

გაგება
καταλαβαίνω

შეკითხვა
ρωτάω

მოსმენა
ακούω

დალევა
πίνω

ჭამა
τρώω

დალაგება
συγυρίζω

ყვარება
αγαπάω

კერძების მზადება
μαγειρεύω

სვლა
οδηγώ

ფრენა
πετάω

აფრის ქვეშ სიარული
κάνω ιστιοπλοΐα

გამოთვლა
υπολογίζω

წაკითხვა
διαβάζω

შესწავლა
μαθαίνω

მუშაობა
δουλεύω

ქორწინება
παντρεύομαι

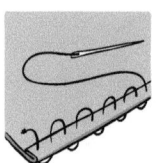

კერვა
ράβω

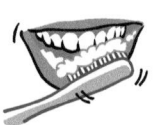

კბილების ხეხვა
βουρτσίζω τα δόντια

მოკვლა
σκοτώνω

მოწევა
καπνίζω

გაგზავნა
στέλνω

ბებია
γιαγιά

პაპუა
παππούς

მამა
πατέρας

დედა
μητέρα

ბავშვი
μωρό

ქალიშვილი
κόρη

ვაჟიშვილი
γιος

სტუმარი
καλεσμένος

დეიდა
θεία

ბიძა
θείος

ძმა
αδελφός

და
αδελφή

სხეული

σώμα

შუბლი
μέτωπο
თვალი
μάτι
მხარი
ώμος
თითი
δάχτυλο
სახე
πρόσωπο
ნიკაპი
πιγούνι
ხელი
χέρι
ფეხი
πόδι
მკერდი
στήθος
მკლავი
βραχίονας

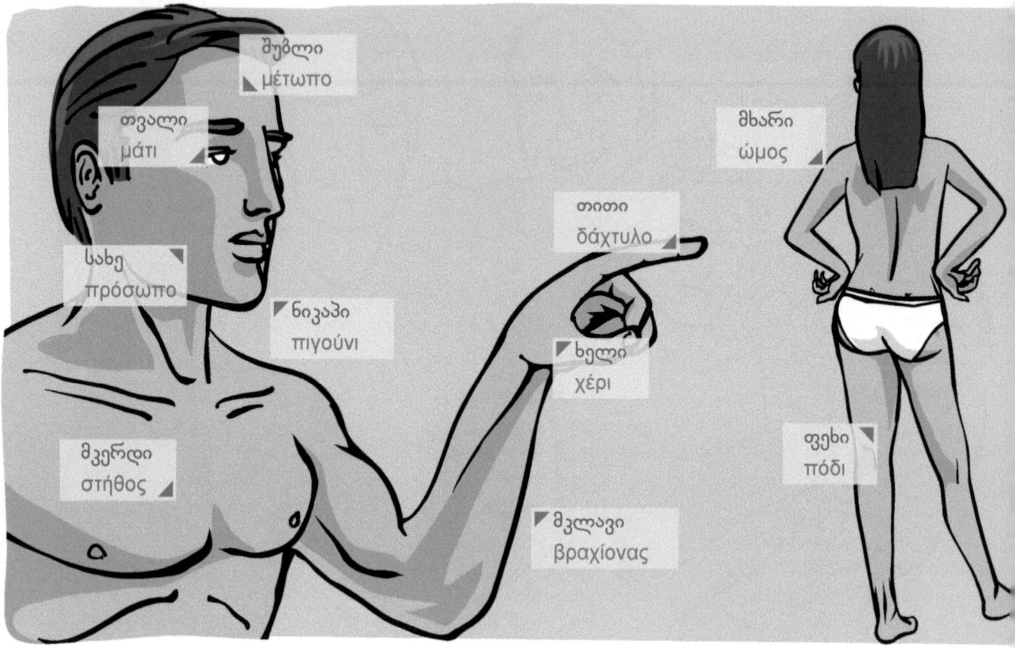

ბავშვი

μωρό

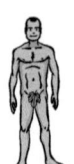

კაცი

άνδρας

ქალი

γυναίκα

გოგო

κορίτσι

ბიჭი

αγόρι

თავი

κεφάλι

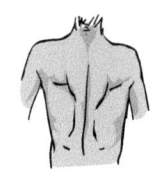

ზურგი

πλάτη

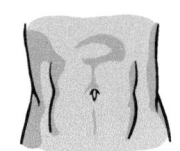

მუცელი

κοιλιά

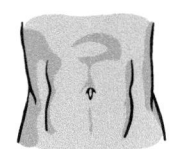

ჭიპი

αφαλός

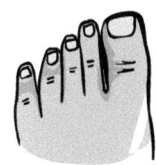

ფეხის თითი

δάχτυλο ποδιού

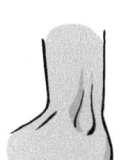

ქუსლი

φτέρνα

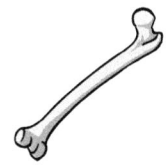

ძვალი

κόκκαλο

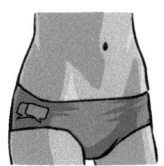

ბარძაყი

γοφός

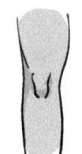

მუხლი

γόνατο

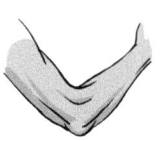

იდაყვი

αγκώνας

ცხვირი

μύτη

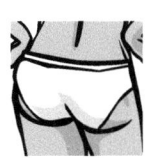

დუნდულა

γλουτός

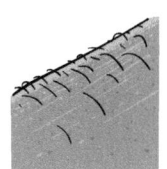

კანი

δέρμα

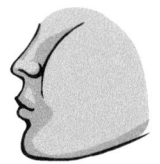

ლოყა

μάγουλο

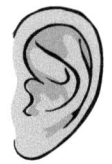

ყური

αυτί

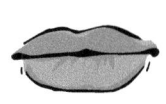

ტუჩი

χείλος

პირი
στόμα

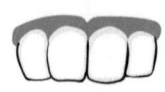

კბილი
δόντι

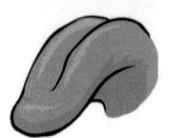

ენა
γλώσσα

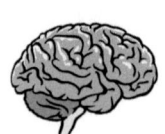

ტვინი
εγκέφαλος

გული
καρδιά

კუნთი
μυς

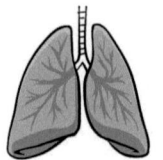

ფილტვი
πνεύμονας

ღვიძლი
συκώτι

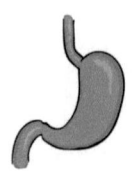

კუჭი
στομάχι

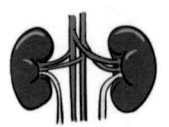

თირკმელები
νεφρά

სექსი
σεξουαλική επαφή

პრეზერვატივი
προφυλακτικό

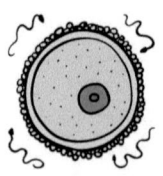

კვერცხუჯრედი
ωάριο

სპერმა
σπέρμα

ორსულობა
εγκυμοσύνη

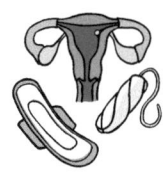

მენსტრუაცია
περίοδος

საშო
γυναικείος κόλπος

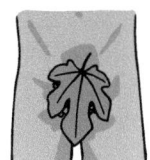

პენისი
πέος

წარბი
φρύδι

თმა
μαλλιά

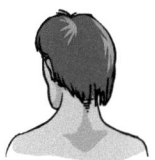

კისერი
λαιμός

საავადმყოფო
νοσοκομείο

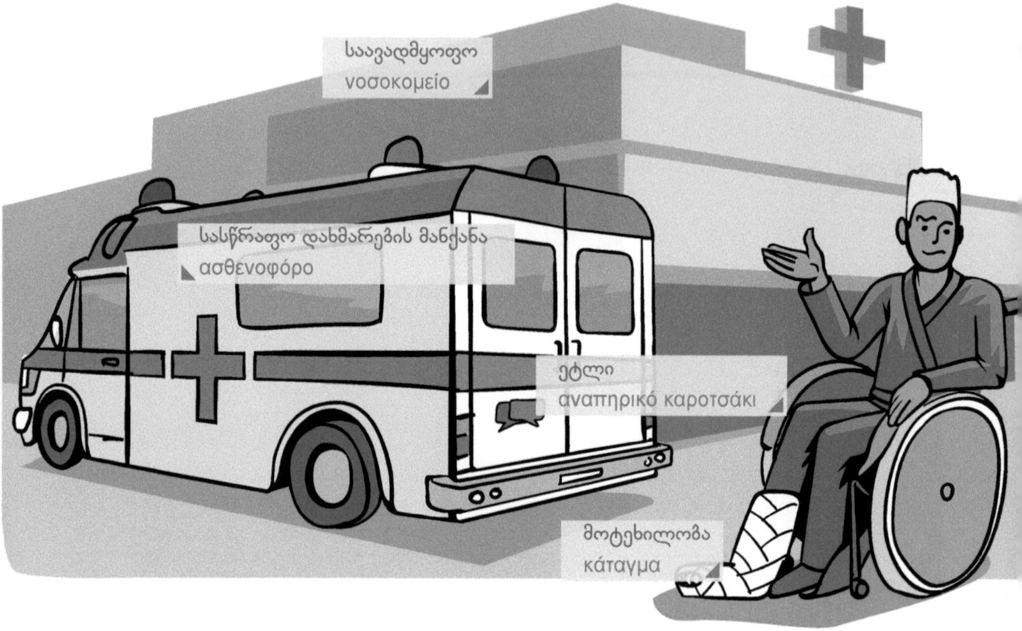

სასწრაფო დახმარების მანქანა
ασθενοφόρο

ეტლი
αναπηρικό καροτσάκι

მოტეხილობა
κάταγμα

ექიმი
γιατρός

პირველი დახმარების ოთახი
μονάδα εντατικής θεραπείας

მედდა
νοσοκόμα

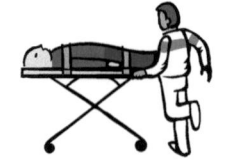

გადაუდებელი შემთხვევა
έκτακτη ανάγκη

უგონოდ მყოფი
λιπόθυμος

ტკივილი
πόνος

დაზიანება
τραύμα

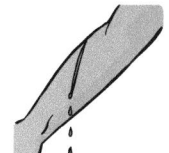

სისხლდენა
αιμορραγία

გულის შეტევა
έμφραγμα

ინსულტი
εγκεφαλικό

ალერგია
αλλεργία

ხველა
βήχας

ცხელება
πυρετός

გრიპი
γρίπη

დიარეა
διάρροια

თავის ტკივილი
πονοκέφαλος

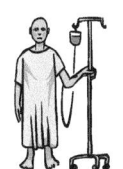

კიბო
καρκίνος

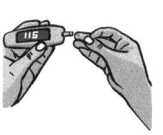

დიაბეტი
διαβήτης

ქირურგი
χειρουργός

სკალპელი
νυστέρι

ოპერაცია
εγχείρηση

კტ

αξονική τομογραφία

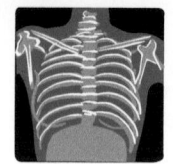

რენტგენი

ακτινογραφία

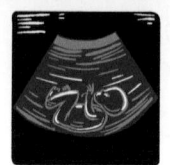

ულტრაბგერა

υπέρηχος

ნიღაბი

μάσκα

დაავადება

ασθένεια

მოსაცდელი ოთახი

αίθουσα αναμονής

ყავარჯენი

πατερίτσα

თაბაშირი

χάνσαπλαστ

ბინტი

επίδεσμος

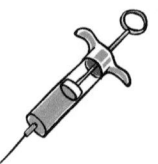

ინექცია

ένεση

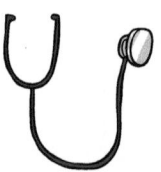

სტეტოსკოპი

στηθοσκόπιο

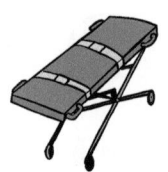

საკაცე

φορείο

თერმომეტრი

θερμόμετρο

დაბადება

γέννηση

ჭარბი წონა

υπέρβαρο

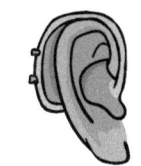

სმენის აპარატი

ακουστικό βαρηκοΐας

სადეზინფექციო საშუალება

αντισηπτικό

ინფექცია

λοίμωξη

ვირუსი

ιός

აივ / შიდსი

HIV/AIDS

წამალი

φάρμακο

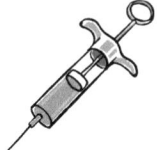

ვაქცინაცია

εμβολιασμός

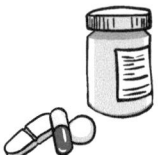

ტაბლეტები

δισκία

აბი

χάπι

ადაუდებელი გამოძახება

κλήση έκτακτης ανάγκης

წნევის საზომი აპარატი

πιεσόμετρο αίματος

ავადმყოფი / ჯანმრთელი

άρρωστος / υγιής

გადაუდებელი შემთხვევა
έκτακτη ανάγκη

დამეხმარეთ!

Βοήθεια!

განგაში

συναγερμός

თავდასხმა

βιαιοπραγία

შეტევა

επίθεση

საფრთხე

κίνδυνος

სათადარიგო გასასვლელი

έξοδος κινδύνου

ხანძარი!

Φωτιά!

ცეცხლსაქრობი

πυροσβεστήρας

უბედური შემთხვევა

ατύχημα

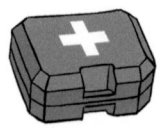

პირველადი დახმარების აფთიაქი

κουτί πρώτων βοηθειών

SOS

SOS

პოლიცია

αστυνομία

ევროპა
....
Ευρώπη

ჩრდილოეთ ამერიკა
....
Βόρεια Αμερική

სამხრეთ ამერიკა
....
Νότια Αμερική

აფრიკა
....
Αφρική

აზია
....
Ασία

ავსტრალია
....
Αυστραλία

ატლანტიკა
....
Ατλαντικός Ωκεανός

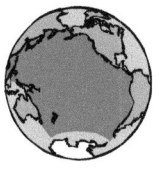

წყნარი ოკეანე
....
Ειρηνικός Ωκεανός

ინდოეთის ოკეანე
....
Ινδικός Ωκεανός

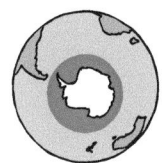

ანტარქტიკის ოკეანე
....
Ανταρκτικός Ωκεανός

ჩრდილოეთის ყინულოვანი ოკეანე
....
Αρκτικός Ωκεανός

ჩრდილოეთ პოლუსი
....
Βόρειος Πόλος

სამხრეთ პოლუსი

Νότιος Πόλος

ანტარქტიდა

Ανταρκτική

დედამიწა

Γη

ხმელეთი

γη

ზღვა

θάλασσα

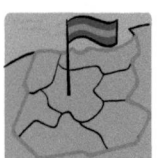

კუნძული

νησί

ერი

έθνος

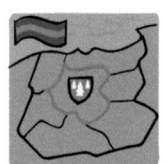

სახელმწიფო

πολιτεία

საათი
ρολόι

ციფერბლატი

καντράν ρολογιού

საათების ისარი

ωροδείκτης

წუთების ისარი

λεπτοδείκτης

წამების ისარი

δείκτης δευτερολέπτων

რომელი საათია?

Τι ώρα είναι;

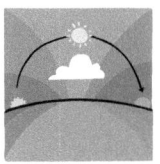

დღე

ημέρα

დრო

χρόνος

ახლა

τώρα

ციფრული საათი

ψηφιακό ρολόι

წუთი

λεπτό

საათი

ώρα

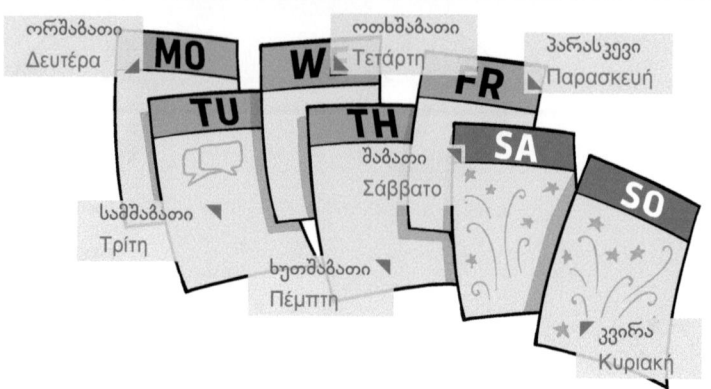

კვირა
εβδομάδα

ორშაბათი
Δευτέρα
ოთხშაბათი
Τετάρτη
პარასკევი
Παρασκευή
შაბათი
Σάββατο
სამშაბათი
Τρίτη
ხუთშაბათი
Πέμπτη

გუშინ
χθες

დღეს
σήμερα

ხვალ
αύριο

დილა
πρωί

შუადღე
μεσημέρι

საღამო
βράδυ

სამუშაო დღეები
εργάσιμες ημέρες

შაბათი-კვირა
Σαββατοκύριακο

წვიმა
▶ βροχή

ცისარტყელა
ουράνιο τόξο

ქარი
άνεμος

თოვლი
χιόνι

გაზაფხული
άνοιξη

შემოდგომა
φθινόπωρο

ზაფხული
καλοκαίρι

ზამთარი
χειμώνας

4.APRIL	11°	☀
5.APRIL	4°	⛅
6.APRIL	13°	☁
7.APRIL	8°	☀
8.APRIL	10°	☀

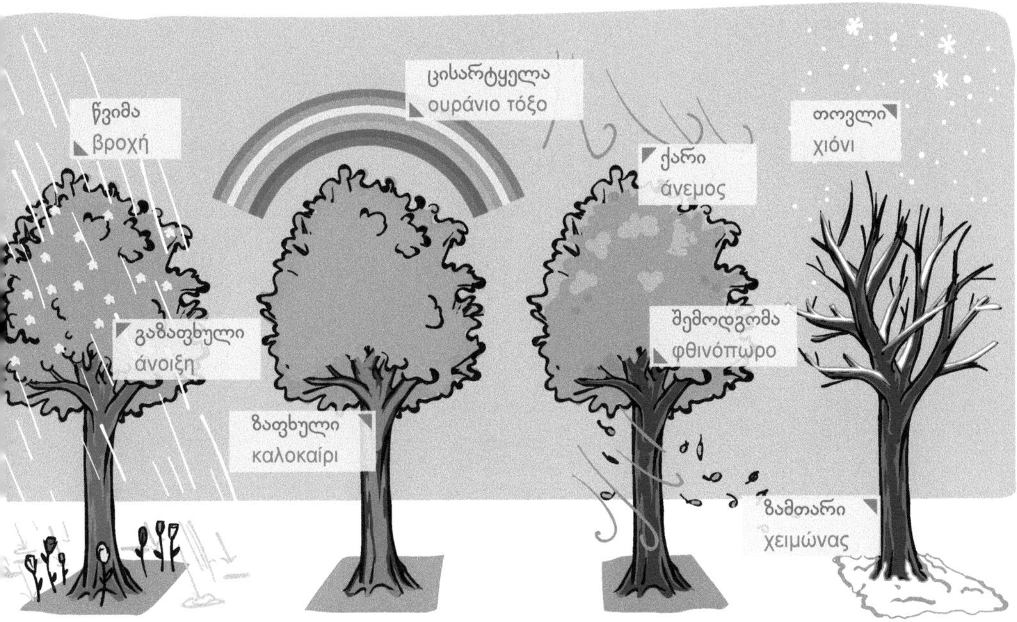

ამინდის პროგნოზი
πρόγνωση καιρού

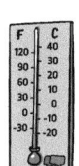

თერმომეტრი
θερμόμετρο

მზის სხივი
λιακάδα

ღრუბელი
σύννεφο

ნისლი
ομίχλη

ტენიანობა
υγρασία

ელვა
αστραπή

ქუხილი
κεραυνός

შტორმი
καταιγίδα

სეტყვა
χαλάζι

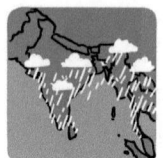

მუსონი
μουσώνας

წყალდიდობა
πλημμύρα

ყინული
πάγος

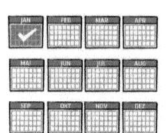

იანვარი
Ιανουάριος

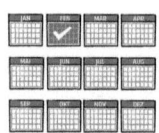

თებერვალი
Φεβρουάριος

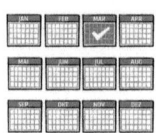

მარტი
Μάρτιος

აპრილი
Απρίλιος

მაისი
Μάιος

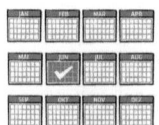

ივნისი
Ιούνιος

ივლისი
Ιούλιος

აგვისტო
Αύγουστος

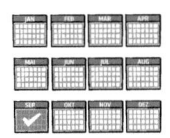

სექტემბერი
....
Σεπτέμβριος

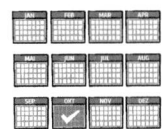

ოქტომბერი
....
Οκτώβριος

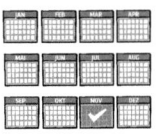

ნოემბერი
....
Νοέμβριος

დეკემბერი
....
Δεκέμβριος

ფორმები
σχήματα

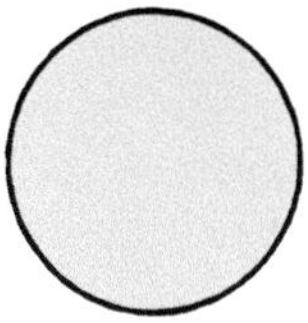

წრე
....
κύκλος

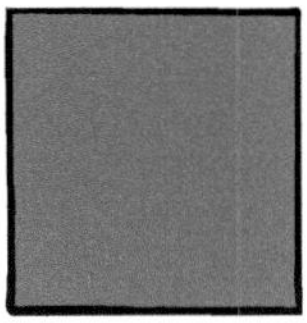

კვადრატი
....
τετράγωνο

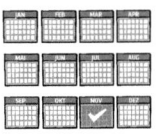

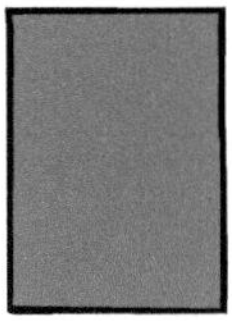

მართკუთხედი
....
ορθογώνιο
παραλληλόγραμμο

სამკუთხედი
....
τρίγωνο

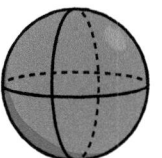

სფერო
....
σφαίρα

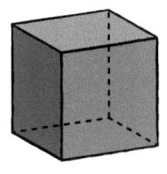

კუბი
....
κύβος

ფერები

χρώματα

თეთრი

άσπρο

ყვითელი

κίτρινο

ნარინჯისფერი

πορτοκαλί

ვარდისფერი

ροζ

წითელი

κόκκινο

იისფერი

μωβ

ცისფერი

μπλε

მწვანე

πράσινο

ყავისფერი

καφέ

ნაცრისფერი

γκρι

შავი

μαύρο

საპირისპიროები

αντίθετα

ბევრი / ცოტა

πολύ / λίγο

გაბრაზებული / მშვიდი

θυμωμένος / ήρεμος

ლამაზი / მახინჯი

όμορφος / άσχημος

დასაწყისი / დასასრული

αρχή / τέλος

დიდი / პატარა

μεγάλος / μικρός

ნათელი / მუქი

φωτεινός / σκοτεινός

ძმა / და

αδελφός / αδελφή

სუფთა / ჭუჭყიანი

καθαρός / λερωμένος

სრული / არასრული

πλήρης / ατελής

დღე / ღამე

ημέρα / νύχτα

მკვდარი / ცოცხალი

νεκρός / ζωντανός

განიერი / ვიწრო

φαρδύς / στενός

საჭმელად ვარგისი /
საჭმელად უვარგისი

βρώσιμος / μη βρώσιμος

ბოროტი / კეთილი

κακός / ευγενικός

შთამბეჭდავი / მოსაწყენი

ενθουσιασμένος / βαριεστημένος

სქელი / თხელი

παχύς / λεπτός

პირველი / ბოლო

πρώτος / τελευταίος

მეგობარი / მტერი

φίλος / εχθρός

სრული / ცარიელი

γεμάτος / άδειος

მყარი / რბილი

σκληρός / μαλακός

მძიმე / მსუბუქი

βαρύς / ελαφρύς

მოშიებული / მწყურვალე

πείνα / δίψα

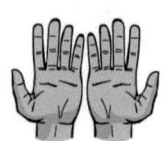

ავადმყოფი / ჯანმრთელი

άρρωστος / υγιής

არალეგალური /
ლეგალური

παράνομος / νόμιμος

ინტელექტუალი / სულელი

έξυπνος / χαζός

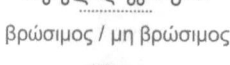

მარცხენა / მარჯვენა

αριστερός / δεξιός

ახლოს / შორს

κοντινός / μακρινός

ახალი / გამოყენებული

καινούριος / μεταχειρισμένος

არაფერი / რაღაცა

τίποτα / κάτι

მოხუცი / ახალგაზრდა

γέρος | νέος

ჩართვა / გამორთვა

αναμμένος / σβηστός

ღია / დახურული

ανοιχτός / κλειστός

ჩუმი / ხმამაღალი

χαμηλόφωνος / μεγαλόφωνος

მდიდარი / ღარიბი

πλούσιος / φτωχός

მართალი / მტყვანი

σωστός / λανθασμένος

უხეში / გლუვი

τραχύς / λείος

სევდიანი / ბედნიერი

λυπημένος / χαρούμενος

მოკლე / გრძელი

κοντός / μακρύς

ნელი / სწრაფი

αργός / γρήγορος

სველი / მშრალი

υγρός / στεγνός

თბილი / გრილი

ζεστός / δροσερός

ომი / მშვიდობა

πόλεμος / ειρήνη

რიცხვები
αριθμοί

0	**1**	**2**
ნული	ერთი	ორი
μηδέν	ένα	δύο
3	**4**	**5**
სამი	ოთხი	ხუთი
τρία	τέσσερα	πέντε
6	**7**	**8**
ექვსი	შვიდი	რვა
έξι	εφτά	οκτώ
9	**10**	**11**
ცხრა	ათი	თერთმეტი
εννιά	δέκα	έντεκα

12

თორმეტი
δώδεκα

13

ცამეტი
δεκατρία

14

თოთხმეტი
δεκατέσσερα

15

თხუთმეტი
δεκαπέντε

16

თექვსმეტი
δεκαέξι

17

ჩვიდმეტი
δεκαεφτά

18

თვრამეტი
δεκαοκτώ

19

ცხრამეტი
δεκαεννέα

20

ოცი
είκοσι

100

ასი
εκατό

1.000

ათასი
χίλια

1.000.000

მილიონი
εκατομμύριο

ენები
γλώσσες

ინგლისური

Αγγλικά

ამერიკული ინგლისური

Αμερικάνικα Αγγλικά

ჩინური მანდარინი

Μανδαρίνικα Κινέζικα

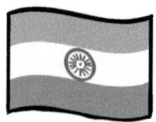

ჰინდი

Χίντι

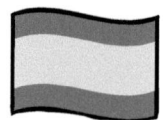

ესპანური

Ισπανικά

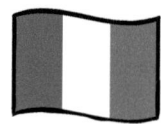

ფრანგული

Γαλλικά

არაბული

Αραβικά

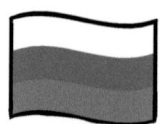

რუსული

Ρώσικα

პორტუგალიური

Πορτογαλικά

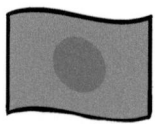

ბენგალური

Μπενγκάλι

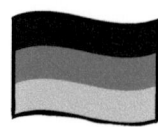

გერმანული

Γερμανικά

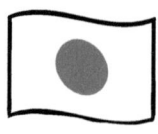

იაპონური

Ιαπωνικά

ვინ / რა / როგორ
ποιος / τι / πως

მე

εγώ

შენ

εσύ

ის / ის / იგი

αυτός / αυτή / αυτό

ჩვენ

εμείς

თქვენ

εσείς

ისინი

αυτοί / αυτές / αυτά

ვინ?

ποιος / ποια / ποιο;

რა?

τι;

როგორ?

πώς;

სად?

πού;

როდის?

πότε;

HELLO, I AM

სახელი

όνομα

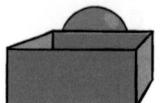

სად

που

უკან

πίσω

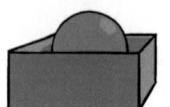

შიგნით

μέσα

წინ

μπροστά

ზედ

πάνω από

=-ზე

πάνω

ქვეშ

κάτω

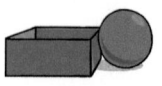

გვერდით

δίπλα

შორის

ανάμεσα

ადგილი

μέρος